LA PANACÉE-
RÉVOLUTION
JEAN
GRAVE
MABEL
TEMPS
NOUVEAUX
40 RUE MOUFFETARD

BROCHURES ÉDITÉES PAR *LA RÉVOLTE*

Epuisées à l'heure actuelle, mais dont réimpression sera faite

---

L'Esprit de révolte, *par Kropotkine* . . . . » 15
Le Salariat, *par Kropotkine* . . . . » 15
Evolution et Révolution, *par E. Reclus* . . . . » 15
Les Prisons, *par Kropotkine*. . . . . » 15
La Morale, *par Kropotkine*. . . . . » 15
Les Produits de la terre et les Produits de l'industrie, *par X,* . . . . » 15
Richesse et Misère, *par X.* . . . . » 15
Les hommes et les théories de l'Anarchie, *par Hamon* . . » 15
L'Anarchie dans l'évolution socialiste, *par Kropotkine*. . . » 15
Aux Jeunes Gens, *par Kropotkine*. . . . . » 15
Déclarations d'Etiévant . . . . » 15
Patrie et Internationalisme, *par Hamon*. . . . . » 15

En dehors de l'album, nous avons :

Un repaire de malfaiteurs, *par Willaume.* . .	1	»	*franco*	1 15
L'Ecrasement, édit. par *An-Archist* d'Amsterdam	1	»	—	1 15
Le 11 novembre 1887, *eau-forte*	1	75	—	1 90
Bakounine, *portrait au burin par Barbottin*. . .	»	50	—	» 60
Proudhon, *portrait au burin par Barbottin* . . .	»	50	—	» 60
Un frontispice en couleur, *par Willaume,* pour le premier volume du Supplément	1	25	—	1 40

Publications des « TEMPS NOUVEAUX » — N° 7

JEAN GRAVE

LA PANACÉE-RÉVOLUTION

Première édition : 10.000 exemplaires

PRIX : 10 CENTIMES

PARIS
Aux Bureaux des « TEMPS NOUVEAUX »
140, RUE MOUFFETARD, 140

1898

Extrait de l'*Individu et la Société*, 1 vol., 2 fr. 75, chez Stock, éditeur, Galeries du Théâtre Français, et aux bureaux des *Temps Nouveaux*.

LA PANACÉE-RÉVOLUTION

Beaucoup de révolutionnaires s'imaginent que la révolution sera capable de transformer à elle seule toutes les conceptions. Il est bon de traiter le sujet très amplement, car c'est cette erreur qui motive l'incompréhension de chacun sur le véritable rôle qu'il a à remplir en l'évolution humaine, et en la sienne propre. On s'est tellement habitué à attendre les bienfaits de puissances surnaturelles, que lorsqu'il s'agit de s'émanciper, sur cette terre, on attend cette émancipation de bienfaiteurs inconnus.

Après l'avoir attendue de Dieu, on l'attendit du Roi ; les rois étant mis à terre, on plaça sa confiance en l'Etat, raison anonyme des gouvernants ; puis ce fut en le journaliste du coin que l'on espéra, après avoir perdu confiance en l'orateur d'à côté ; parfois, c'est du député de demain que l'on attend le millénium ; chez nous, c'est en la révolution que d'aucuns l'espèrent. On pose sa confiance où l'on peut, quand on ne l'a pas en soi-même.

Forts de cette constatation que l'organisation sociale actuelle ne cédera que devant un soulèvement des déshérités, certains s'imaginent que le seul but à poursuivre est la révolution. — Violente, ajoutent-ils, par amour des qualificatifs redondants, comme si l'emploi de la force n'était pas la violence.

Absorbés par cette pensée unique : la révolution nécessaire, l'essentiel, selon eux, est de la hâter, de la provoquer toute affaire cessante, et, l'ordre de choses actuel renversé, tout irait pour le mieux dans le meilleur des mondes possible.

Leur raisonnement est celui-ci : « Si nous attendions que chaque individu ait accompli son évolution, nous en aurions pour des siècles avant de voir s'opérer une transformation. L'homme est dans un milieu qui le rend mauvais ; il faut changer ce milieu pour lui permettre de devenir apte à comprendre notre idéal d'harmonie. »

Or, c'est retourner les termes de la question, mais ce n'est pas la résoudre.

*
* *

Le milieu dans lequel nous évoluons rend les individus fourbes, insociables, rapaces, esclaves ou dominateurs, cela est de toute évidence ; il faut le changer, cela est encore vrai ; et si nombre de nous autres avions en notre possession un de ces bons vieux talismans des contes de fées qui ont charmé notre enfance, à l'aide desquels il n'y avait qu'à formuler son souhait pour que « cela fût », le vieux monde, cela est certain, aurait vécu.

Mais, génies et fées ne sont, hélas ! existants que pour la crédulité enfantine ; les sorciers, s'il en reste quelques spécimens en quelques bourgades reculées, sont en train de disparaître devant l'instruction ; et les talismans, s'ils ont cédé la place aux tables tournantes, n'ont pu leur transmettre leur puissance. Il suffit d'un incrédule en leur présence pour les réduire à l'inertie. C'est sur les seules forces humaines qui se trouvent en ce milieu pourrisseur qu'il nous faut compter pour le changer.

Or, si le milieu impulse l'individu ; s'il est vrai que ce dernier ne peut échapper complètement à son influence, il est également vrai que c'est l'individu qui crée, en le transformant, le milieu en lequel il se meut.

Quelle que soit la puissance que notre état social fournisse au capitalisme, si ce dernier ne trouvait pas dans l'ensemble de ceux qui subissent ses effets un appui moral qui lui permet de perdurer, cette puissance lui coulerait des mains, car les forces dont il dispose refuseraient de le servir plus longtemps. Et, quelle que soit notre impatience, quels que soient nos désirs, ce ne sont pas nos objurgations révolutionnaires qui enlèveront au capital ses défenseurs, mais la compréhension — vaguement intuitive, sinon nettement formulée — qu'ils font métier de dupes en assurant à leurs exploiteurs la tranquille jouissance de ce que, à eux, spoliés, il a été enlevé.

Si, après tant de révolutions, les anciens abus ont persisté, ou ont réussi, dans le nouvel état de choses, à se faire jour sous de nouvelles formes, c'était, il faut bien le reconnaître, ou que les initiateurs du mouvement, trop en avance sur la foule, n'avaient pu réussir à l'entraîner dans leur marche en avant, ou — ce qui est plus probable — leur avance sur la masse, plus apparente qu'effective, laissait en réalité leurs conceptions au niveau de la moyenne et tout leur révolutionnarisme se bornait à des changements de noms. Mais, d'une façon ou d'une autre, l'état social revenait toujours au niveau des conceptions moyennes.

Le milieu agit sur l'individu, mais, à son tour, l'individu réagit sur le milieu : voilà le dilemme. Comment en sortir?

* * *

Je comprends l'impatience qu'éprouvent nombre de nos camarades à voir les idées cheminer si lentement — en apparence, car il n'y a pas d'idée qui ait marché si vite que l'idée anarchiste. — Il est légitime le désir de ceux qui, souffrant de la société actuelle, voudraient réaliser une vie meilleure. Comme eux, je voudrais voir se réaliser immédiatement cette ère de paix, de bonheur et d'harmonie pour tous, que nous évoquons en toutes nos aspirations ; comme eux encore, je voudrais enfin sortir de cette atmosphère qui étouffe les meilleurs sentiments, comprime nos aspirations vers le mieux, écrase les volontés les plus fécondes.

Mais, quels que soient nos désirs, quelle que soit notre volonté ardente d'en finir avec un milieu corrupteur, il nous faut compter avec la réalité, et la réalité est que, quelles que soient les vertus bienfaisantes dont notre imagination ait doté la révolution, quelle que soit la puissance que nous lui attribuions en nos désirs, elle ne pourra être que ce que seront ceux qui l'accompliront.

La révolution n'est pas une entité dont la puissance agit en vertu d'une force secrète qu'elle tirerait d'elle-même. Ce n'est pas un personnage métaphysique doué de toutes les virtualités. C'est un fait qui s'accomplit sous l'impulsion d'individualités qui ne pourront opérer autour d'elles que les transformations qu'elles auront su, au préalable, déjà opérer dans leur cerveau.

C'est ressasser une vérité reconnue en répétant que la révolution s'accomplira sous la pression de circonstances locales.

Quand ceux qui, à l'heure actuelle, subissent ou soutiennent l'ordre de choses actuel auront compris que la société qu'ils subissent ou défendent ne peut que perpétuer leur exploitation;

Quand, las de courir après des réformes illusoires, ceux qui ont déjà compris que l'état social devait être transformé se seront rendu compte que c'est en son ensemble qu'il doit être changé, et non en ses parties, si l'on veut en modifier les effets, il se sera alors créé un état d'esprit favorable à la révolution, la moindre des circonstances suffira à la faire éclater.

Les individus ayant évolué, leur manière d'agir s'étant insensiblement mais graduellement transformée, ils arriveront en conflit avec les institutions sociales. Comme la sève qui, gonflant l'amande mise en terre, finit par faire éclater le noyau qui l'enferme, l'idée aura amené les esprits au moment où, sentant les barrières sociales leur être une entrave intolérable, ils les briseront sous la poussée interne qui les entraîne vers l'affranchissement intégral de tout leur être.

Mais, encore une fois, pour être en état d'accomplir cette révolution, faut-il que les individus aient, en leurs conceptions, su faire table rase des anciens préjugés; qu'ils en aient compris toute l'absurdité et se soient fait un autre idéal de vie; qu'ils aient, en eux, en leur cercle restreint, opéré, en petit, la transformation qui doit s'opérer en l'état social : celui qui ne sait pas se réformer lui-même étant, du reste, toujours très mal venu à vouloir réformer les autres.

Mais ici nous tournons en un cercle vicieux, et ceux qui croient à la toute-puissance de la révolution pour créer un état d'esprit adéquat à de nouvelles mœurs me répondront : « Comment voulez-vous que les individus deviennent francs, solidaires et conscients dans un milieu qui les abêtit, les rend fourbes, rapaces, et agressifs ? — Si je leur réponds : Comment pouvez-vous espérer changer un tel milieu avec des éléments qui trouvent cette marche des choses toute naturelle et n'éprouvent nullement le besoin de sortir de la fange où ils s'enlizent? — je serai absolument dans la même logique, et nos arguments auront égale valeur.

*
* *

Si, de tout temps, ils ont été majorité ceux qui avaient à souffrir de l'arbitraire social, ils n'étaient que minorité très infime ceux qui avaient compris que le mécanisme social fonctionnait à leur détriment.

De tout temps aussi, cette minorité a existé. Toujours il y a eu des individus qui étouffaient sous l'état de choses existant et voulaient élargir le cercle dans lequel se mouvait l'humanité. Mais, en temps ordinaire, ces individus restaient isolés, incompris de l'énorme masse. Ce n'était que lorsqu'un noyau plus important d'individus était parvenu à s'assimiler quelques-unes de leurs vérités que ces vérités devenaient aptes à commotionner les foules.

Or, à l'heure actuelle, l'idée anarchiste remue fortement certains cerveaux; par certains côtés, elle a prise sur la masse, elle commence à vouloir entrer dans les faits, mais force nous est bien de reconnaître que, si l'on accepte certains de ses détails, elle est loin d'être comprise en son ensemble, et qu'elle a encore une longue période évolutive à accomplir avant d'être toute-puissante sur les foules.

Mais cette évolution des idées nous prouve que, quelle que soit l'influence du milieu, il y a des organismes qui y sont plus ou moins réfractaires; quelle que soit l'ambiance, il y a des aptitudes qui s'acquièrent et se transmettent d'une génération à l'autre, finissant par amener ceux qui en héritent à suivre une voie évolutive différente de ceux qui, continuant à subir les influences premières, se modèlent plastiquement aux conditions d'existence qui leur sont faites.

Ce qui se passe dans l'ordre physiologique se passe également dans le domaine intellectuel. Il y a — je néglige les nuances — ceux qui, croyant l'autorité et le capital les deux assises nécessaires de tout ordre social, les subissent ou les défendent sans chercher à les analyser, se conformant passivement aux enseignements de la morale qu'on leur inculque dès leur naissance; il y a ceux qui veulent les mitiger en y apportant quelques perfectionnements, et ceux, enfin — dont nous faisons partie — qui, trouvant tout le système mauvais, veulent le détruire de fond en comble, et cherchent à réagir contre les conditions d'existence qu'on leur impose.

Analysant les préceptes qu'on leur enseigna, ces derniers n'acceptent qu'après mûre délibération ce que leur raison leur fait trouver juste, et repoussent tout ce qui ne leur paraît pas absolument démontré. Et si cet esprit critique ne se transmet pas toujours d'ascendant à descendant, comme certaines aptitudes physiologiques, il se transmet par l'exemple, par l'enseignement, au sein des générations vivantes, et à celles qui suivent. Chaque progrès qui s'accomplit est un pas de fait vers la possibilité de la révolution.

*
* *

Lorsque j'ai déjà traité ce sujet (1), quelques-uns ont cru que je désirais voir reculer la révolution pour que chacun eût le temps de transformer sa mentalité. C'est là une erreur. En parlant de rendre les individus conscients, j'ai toujours en vue la minorité agissante, la minorité qui, par son exemple, doit exciter la masse plus réfractaire, n'attrapant que les bribes des idées jetées au vent. Mais il ne faut pas oublier que ce sont ces bribes qui germeront plus tard sous la poussée des événements, et qu'il faut les semer pour qu'elles germent.

Il est, je crois, un fait indéniable : plus l'idée aura le temps d'évoluer et de se développer, plus la révolution qu'elle engendrera sera mûre, consciente et profonde ; mais il ne dépend de personne d'avancer ou de reculer les événements à la réalisation desquels concourent des milliers de causes. Chacun de nous, par son action, y entre bien pour une part, mais si infinitésimale, que, cette part d'action disparaissant, le cours des événements n'en serait pas sensiblement modifié.

Donc, à quelque point de vue que nous envisagions la révolution, il n'en reste pas moins acquis qu'elle est

(1) Dans les *Temps Nouveaux*, 2e année.

nécessaire, inévitable. Et alors, quand nous demandons aux individus qui travaillent à sa réalisation de ne pas se borner à de simples désirs, à de vagues aspirations, à d'indécises formules que l'on répète sans savoir ce qu'elles signifient, ce n'est pas ajourner la révolution, ni la diminuer, mais bien au contraire l'amplifier en la désirant plus grande, plus profonde et plus féconde.

Bien mieux, si chaque individu, en ses actes, dans son entourage, dans sa sphère d'action, dans la mesure de ses moyens, selon l'intensité de ses convictions, arrivait déjà à corriger, à supprimer dans ses actes, dans ses relations, ce qui lui semble choquant de la société actuelle, il aurait contribué à avancer la révolution en aidant à créer un état d'esprit en désaccord avec les institutions présentes.

N'est-ce pas faire œuvre révolutionnaire des plus rationnelles que d'essayer d'apporter, en nos relations présentes, un peu de ce que devront être nos relations futures? Et comme une nouvelle manière d'agir amène insensiblement ceux qui sont en contact avec elle à une nouvelle façon de penser, c'est, en agissant ainsi, agrandir les possibilités révolutionnaires.

*
* *

La révolution n'est pas une idée, ce n'est pas une conception sociale. C'est un fait, une nécessité, un moyen. Elle doit déblayer le terrain des obstacles qui empêchent l'évolution humaine; rien de plus, rien de moins. Elle n'apporterait pas un facteur nouveau à l'évolution sociale, si ceux qui l'accomplissent n'ont pas, en puissance, en leur cerveau, une idée qui les fasse agir.

Aussi, dire que l'on veut grouper les individus pour faire la révolution, c'est parler pour ne rien dire ; car, sauf exceptions des plus rares, on n'est pas révolutionnaire pour le seul plaisir de se battre ou de culbuter un gouvernement. On groupe des individus autour d'une idée ; si cette idée, pour sa réalisation, comporte les moyens révolutionnaires, ces individus se préparent à la révolution en développant leur idéal.

Les autoritaires qui ont la prétention de s'emparer du pouvoir et de s'en servir pour le bien de tous, peuvent, eux, considérer comme secondaires leurs idées de transformation sociale. Qu'importe que les individus sachent plus ou moins ce que l'on attend d'eux, si l'on espère s'en servir pour assurer l'autorité à l'aide de laquelle on opérera les transformations que l'on aura décrétées. L'objectif étant de s'emparer du pouvoir, il suffit de grouper les individus désireux d'un simple changement politique, sans qu'il y ait besoin de leur inculquer des notions de ce que devra être le nouvel ordre de choses, puisque l'on se charge de penser pour eux.

Lorsqu'on a la volonté de commander aux autres, il est inutile — voire dangereux — de chercher à les instruire sur ce qui leur serait le mieux. Pourvu que les chefs sachent ce qu'ils auront à décréter au lendemain de la victoire, inutile de perdre son temps à fourrer des idées dans la tête de ceux qui auront à obéir. Et encore, cela ne réussit-il pas toujours; car il arrive que ceux que l'on a enrôlés échappent à votre commandement pour aller à un chef qui leur semble plus apte.

Mais c'est pour les anarchistes qu'il n'en va pas de même. Il faut que ceux qui participeront à la révolution aient la conscience claire de ce qu'ils veulent eux-mêmes, et ce n'est que la compréhension nette d'un idéal qui peut la leur donner. C'est donc à fourrer des idées dans la tête des individus que consiste la véritable besogne révolutionnaire.

En temps normal, c'est la masse ignorante qui impose ses volontés, retarde l'évolution et travaille au maintien des vieilles institutions. Le suffrage universel, ce recruteur de médiocrités, est bien l'instrument approprié au règne.

Mais, au sein de cette masse, se créent des centres d'agitation qui, graduellement, arrivent à lui communiquer une partie de leurs trépidations, à l'entraîner dans leur orbe. C'est là où la minorité intelligente prend sa revanche sur l'ignorance, en l'entraînant, malgré elle, au progrès et à l'affranchissement.

Si l'évolution avait le temps de s'accomplir, la révolution serait féconde en résultats; mais il y a des circonstances politiques, compliquées de causes économiques, qui poussent parfois la minorité dans les rues avant que les idées aient accompli leur lent travail d'évolution.

Malgré cela, si elle a bien compris son rôle, la minorité agissante peut avoir une influence énorme sur le cours de cette révolution. Qu'elle acquière donc une conscience nette de l'idée.

Mais si, comme dans les révolutions politiques passées, elle n'a, elle-même, aucune idée dans la tête ; si tout son révolutionnarisme n'est que de surface, en les mots, en une attitude plus ou moins belliqueuse, c'est la masse qui la submergera encore en retournant à son point de départ. C'est pour qu'elle ne se laisse noyer ni déborder que je voudrais la voir consciente.

PARIS. — IMPRIMERIE CHARLES BLOT, 7, RUE BLEUE.

Brochures éditées par le groupe des *E. S. R. I.* :

Les Révolutionnaires au Congrès de Londres . » **15**
Réformes et Révolution . . . . » **20**
L'Individu et le Communisme . . . . . » **20**
Comment l'Etat enseigne la morale . . . **1 50**
Misère et Mortalité. . . . . » **70**
Pourquoi nous sommes internationalistes . » **20**

Brochures éditées par l'*Art Social* :

L'Art et la Révolte, *par F. Pelloutier* . . . » **15**
L'Organisation corporative et l'Anarchie, *par F. Pelloutier*. (Epuisé.) . . . . . . » **15**
L'Ecrivain et l'Art social, *par Bernard Lazare* . . » **15**
L'Art et la Société, *par Ch.-Albert* . . . . » **20**

Brochures éditées par le *Père Peinard* :

Variations guesdistes, *par Pouget* . . . . » **10**
Almanachs 94, 96, 97, 98, chaque. . . . » **10**
Chansons en musique : 1° *Les Anti-proprios* . 2° *Les Libertaires,* chaque fascicule . . . . . » **10**

Brochure éditée par la *Cravache* :

Réflexions sur la propagande anarchiste à Roubaix, brochure éditée par le groupe de Roubaix . . . . » **10**

EN VENTE AUX TEMPS NOUVEAUX :

Les Primitifs, *par Elie Reclus* 2 75
Bibliographie anarchiste, *par Nettlau* 5

Volumes de chez Stock :

La Conquête du pain, *par Kropotkine* 2 75
L'Anarchie, son idéal, *par Kropotkine* . . . . » 60
Œuvres *de Bakounine* 2 75
La Société future, *par J. Grave* 2 75
La Grande Famille, roman militaire, *par J. Grave* 2 75
L'Individu et la Société, *par J. Grave* 2 75
Biribi, *de Darien* 2 75
Bas les cœurs ! *de Darien* 2 75
Sous-offs, *de Descaves* 2 75
Psychologie de l'anarchiste socialiste, *par A. Hamon* 2 75
Psychologie du militaire professionnel, *par A. Hamon* 2 75
L'Inquisition en Espagne, *par Tarrida del Marmol* 2 75
Révolution sociale et Révolution chrétienne, *par Malato* 2 75
La Douleur universelle, *par S. Faure* 2 75
Le Socialisme en danger, *par Domela Nieuwenhuis* 2 75
Evolution et Révolution, *par Elisée Reclus* 2 75

De chez Flammarion :

Les Paroles d'un révolté, *par Kropotkine* 1 25

De chez Perrin :

Correspondance de Bakounine 2 75
Les Temps sont proches, *par L. Tolstoï* . . . . » 50
Enquête sur la question sociale, *par J. Huret* 2 75

De la *Plume* :

Similitudes, *par A. Retté* 2 75
Aspects, *de A. Retté* 2 75
La Forêt bruissante, *par A Retté* 2 75

De chez Schleicher frères (Reinwald) :

Les Religions, *d'André Lefèvre* . . . . 6 »
Force et Matière, *par Buchner* . . . . 6 »
Science et Matérialisme, *par Letourneau* . . . . 5 »

De chez Dentu :

Le Primitif de l'Australie, *par E. Reclus* 2 75

De chez Charpentier :

Au Port d'armes, *par Henry Fèvre* . . . . *franco* 3 25
Souvenirs d'un matelot, *par Georges Hugo* . . . . — 3 25
La Mêlée sociale, *par G. Clémenceau* 3 25
Le Grand Pan, *par G. Clémenceau* 3 25

De chez Ollendorff :

Le Calvaire, *par Mirbeau* 3 25

De chez Pedone :

L'Histoire sociale au Palais de Justice, *par de Saint-Auban* . 2 75

LES TEMPS NOUVEAUX

Paraissant tous les 8 jours avec un Supplément littéraire.

10 centimes le numéro. — *Administration* : **140, rue Mouffetard.**

Abonnements : FRANCE, un an, 6 fr.; EXTÉRIEUR, 8 fr.

En vente aux *Temps Nouveaux* :

L'Agriculture, *par Kropotkine, franco* (1). » 15
Un Siècle d'attente, *par Kropotkine* » 15
Le Machinisme, *par J. Grave* » 15
La Grande Révolution, *par Kropotkine* » 15
Les Temps nouveaux, *par Kropotkine, avec couverture ill. par C. Pissarro* » 30
Pages d'histoire socialiste, *par W. Tcherkesoff* » 30
L'Anarchie, *par E. Reclus* » 15
La Panacée-Révolution, *par J. Grave, avec couverture de Mabel* » 15
L'Ordre par l'anarchie, *par D. Saurin* » 30
Dieu et l'État (avec portrait), *par Bakounine* 1 »
La Société au lendemain de la révolution, *par J. Grave* » 70
Éducation. — Autorité paternelle, *par A. Girard, avec couverture de Luce* » 15
La Loi et l'Autorité, *par Kropotkine* » 15
Entre Paysans, *par Malatesta, avec couverture de Willaume* » 15

Les Temps Nouveaux, 1re et 2e années, complète : 7 fr. l'année. — Les deux ensemble : 10 francs.

La Révolte, collection complète (plus que trois) : 150 francs.

COLLECTIONS DE 30 LITHOGRAPHIES

Ont déjà paru : **L'Incendiaire,** *par Luce* (épuisée). — **Porteuses de bois,** *par C. Pissarro* (épuisée). — **L'Errant,** *par X.* — **Le Démolisseur,** *par Signac.* — **L'Aube,** *par Jehannet.* **L'Aurore,** *par Willaume.* — **Les Errants,** *par Rysselbergh.* — **L'Homme mourant,** *par L. Pissarro.* **Les Sans-gîte,** *par C. Pissarro* 1 40

Ces lithographies sont vendues 1 fr. 25 l'exemplaire sur papier de Hollande, franco 1 fr. 40; édition d'amateur : 3 fr. 25, franco 3 fr. 40.

BIBLIOTHÈQUE DES TEMPS NOUVEAUX

51, rue des Eperonniers, Bruxelles.

Aux anarchistes qui s'ignorent, *par Charles-Albert, franco.* » 10
L'Anarchie dans l'évolution socialiste, *par P. Kropotkine.* » 10
L'Évolution légale et l'Anarchie, *par Elisée Reclus* » 10
Un anarchiste devant les tribunaux : Georges Etiévant » 10
Burch Mitsu, *par Georges Eekhoud* » 10
L'inévitable Anarchie, *par Pierre Kropotkine* » 10
La Guerre et le Service obligatoire, *par Léon Tolstoï* » 10
Bibliographie de l'Anarchie (préface d'E. Reclus), *par Nettlau* 5 »
Le Mouvement anarchiste, *par Jacques Mesnil* » 15
La Grande Grève des Docks, *par J. Burns et P. Kropotkine.* » 15

(1) Pris dans nos bureaux ou par un certain nombre à la fois, les petites brochures se vendent 0 fr. 05, les lithographies 0 fr. 15, et les volumes 0 fr. 25 en moins.

97-667. PARIS. — IMPRIMERIE CHARLES BLOT, 7, RUE BLEUE.

www.ingramcontent.com/pod-product-compliance
Lightning Source LLC
LaVergne TN
LVHW020508230826
846091LV00008BA/3400

* 9 7 8 2 0 1 1 9 4 1 1 2 1 *